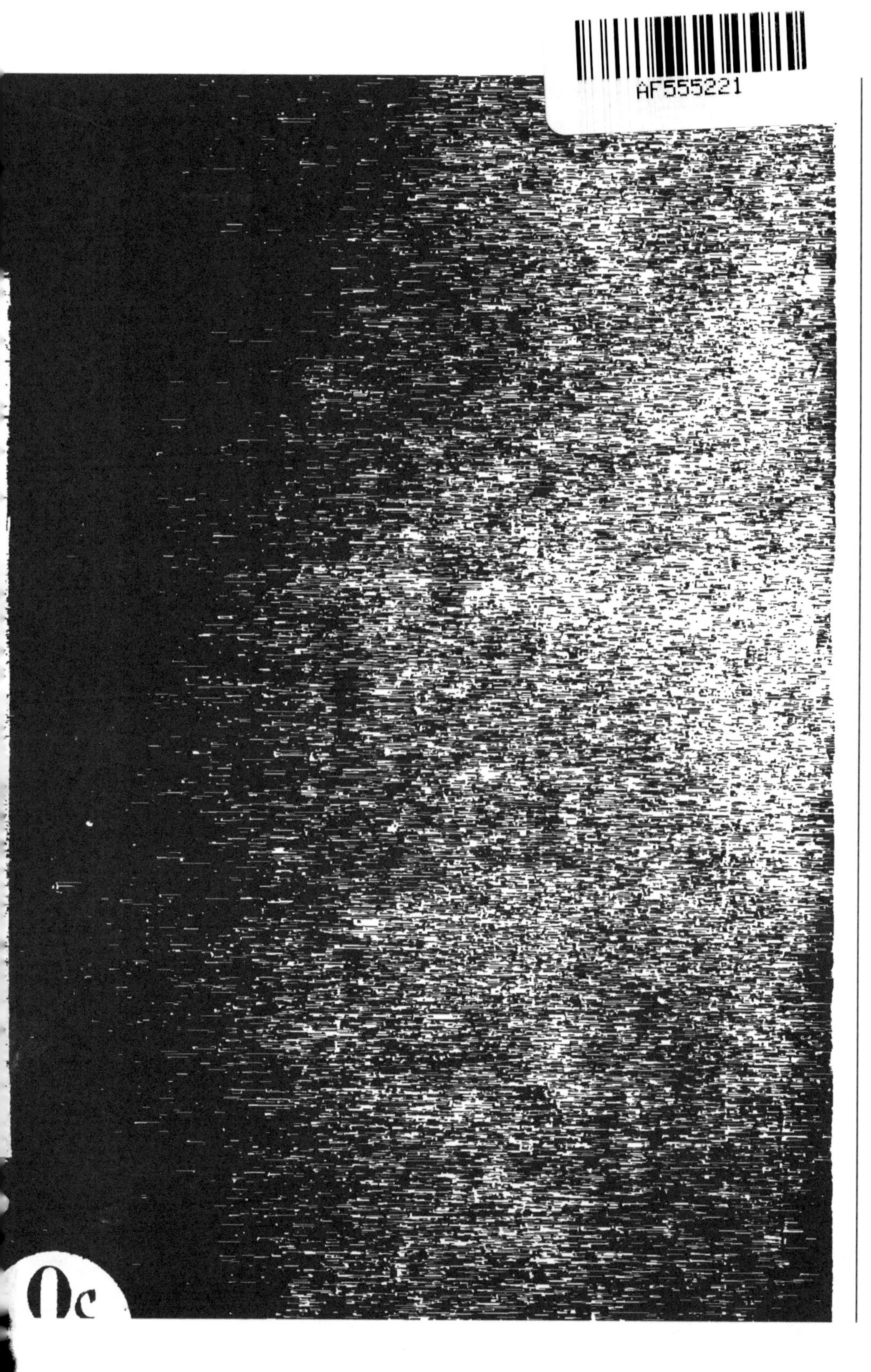

COUP-D'ŒIL

SUR L'ESPAGNE.

PARIS. — IMPRIMERIE DE FAIN, RUE RACINE, N°. 4,
PLACE DE L'ODÉON.

COUP-D'OEIL

SUR L'ESPAGNE.

PAR M. DUVERGIER DE HAURANNE,

ANCIEN MEMBRE DE LA CHAMBRE DES DÉPUTÉS.

PARIS,

BAUDOUIN FRÈRES, LIBRAIRES,

RUE DE VAUGIRARD, N°. 36.

A L'ÉTRANGER, CHEZ LES CORRESPONDANS :

Londres, Colburn ; — *Bruxelles*, Lecharlier, Tarlier ; — *Francfort*, Jugel ; — *Manheim*, Artaria et Fontaine ; — *Leipsig*, Zirgès, Bossange frères ; *Berlin*, — Schlesinger ; — *Genève*, Paschoud ; — *Aix-la-Chapelle*, La Ruelle ; — *Liége*, Desoer.

1824.

AVERTISSEMENT.

Le but que j'ai voulu atteindre en écrivant cette brochure a été de présenter dans un seul cadre des faits que le public n'apprend qu'isolément et qu'il oublie bientôt; j'ai voulu montrer l'enchaînement de ces faits et en déduire quelques conséquences. Puisse ce tableau fidèle de la situation de l'Espagne faire sentir combien il est instant de mettre un terme au système d'administration absurde autant qu'inhumain dont ce malheureux pays est la victime depuis 1814! Quant à nous Français, un retour sur nous-mêmes nous fera bénir à jamais la mémoire du monarque qui, en donnant la Charte, nous a délivrés du joug des factions et de celui du despotisme. Redoublons, s'il se peut, d'affection pour notre roi Charles X, dont les premières paroles, en montant sur le trône de ses aïeux, ont répandu la joie et la sécurité dans tous les cœurs. Les effets avec lui suivent de près les promesses : le 30 septembre en est la preuve.

FIN DE L'AVERTISSEMENT.

COUP-D'ŒIL SUR L'ESPAGNE.

CHAPITRE PREMIER.

Division des partis.

Les événemens de notre révolution ont laissé dans nos esprits des souvenirs qui, en général, égarent notre jugement lorsqu'il s'agit d'apprécier ce qui se passe chez les autres peuples. Une commotion a-t-elle lieu dans leur gouvernement intérieur, notre imagination se représente à l'instant la population déchaînée, se livrant à tous les excès, au pillage, aux massacres; nous voyons les autels renversés, les nobles, les commerçans, les propriétaires en proie à la persécution, menacés dans leurs intérêts les plus chers, enfin, la royauté en péril, le régicide menaçant le prince. C'est ainsi que, pendant long-temps, l'insurrection de la Grèce, cette guerre religieuse et dont le but est l'affranchissement d'une nation indignement opprimée par de barbares conquérans, n'a été considérée que comme une révolte révolutionnaire.

La révolution d'Espagne a plus d'analogie avec la nôtre que celle des Grecs. Cependant elle en diffère sous beaucoup de rapports; nous en avons souvent mal apprécié les causes, nous n'avons pas connu la véritable division des partis dans ce malheureux pays.

En France, le tiers état demandait, en 1789, la réforme des abus et la suppression des priviléges de la noblesse et du clergé; ces deux classes étaient violemment attaquées, elles furent naturellement conduites à confondre leurs intérêts dans une défense commune, et malheureusement derrière les classes moyennes qui voulaient la réforme des abus sans une révolution sanglante, se trouvait une populace nombreuse, immorale parce qu'elle était ignorante. Les factieux n'eurent que trop de facilité à s'en emparer, ils la mirent en mouvement en suscitant ses passions jalouses et cupides; bientôt ils ne surent ni ne purent la diriger, on tendit ouvertement à la subversion de la monarchie, elle s'accomplit, et la France fut livrée au brigandage de l'anarchie populaire.

En Espagne, la réforme politique a pour partisans la majorité de la noblesse, et même beaucoup de grands d'Espagne, les hommes de lettres, toute la classe moyenne et la partie de la population des villes la plus immédiatement liée avec la bourgeoisie. Elle a pour ennemis le clergé séculier, les moines, surtout les frayles, les prolétaires des campagnes et la populace des villes encore plus ignorante, plus abrutie que ne l'était la populace française, et joignant à ces vices un fanatisme stupide qui la rend l'instrument docile des moines les plus dégénérés de leur institution primitive, les plus immoraux qui aient jamais existé.

On aperçoit donc que la classe dont l'intervention a rendu la révolution française si sanglante, est celle qui menace en Espagne d'y rendre la contre-révolution tout aussi sanglante. Cette division des partis a fait dire à lord Liverpool que c'était la guerre des prêtres et des prolétaires contre les propriétaires et les commerçans (1).

Mais, dira-t-on, quelles peuvent être les causes d'une si singulière combinaison? Comment se fait-il qne les partisans de la révolution soient ceux-là même qui ont le plus à redouter les commotions politiques. La réponse à ces questions demanderait de trop longs développemens; je vais cependant essayer d'expliquer brièvement les causes principales de cette disposition des esprits. Sous Charles III, la civilisation de l'Espagne tendait à se rapprocher de celle des autres nations européennes; la culture des lettres, des sciences, des arts, était encouragée; l'agriculture, le commerce étaient protégés, sans qu'ils fussent cependant dégagés encore des absurdes règlemens qui les entravent; des réformes lentes, mais successives, onvraient tous les cœurs à l'espérance; un peuple patient, dévoué à son prince, payait de son amour le bien qu'il en recevait, le bienfait présent faisait attendre avec confiance le bienfait à venir. L'ordre, à la mort de Charles III, régnait dans l'administration;

(1) Cette division des partis est indiquée par grandes masses, il se trouve d'ailleurs des individus de toutes les classes mêlés dans chaque parti.

l'Espagne avait une bonne armée et une marine respectable. Le roi Charles IV monta sur le trône, et bientôt tout prit un autre aspect : l'Espagne dégénéra de nouveau. Certes, ce prince n'était pas dénué de bonnes qualités, il eût sans doute voulu faire le bonheur de ses sujets; mais, soit défaut de lumières, soit facilité de caractère, la reine Marie-Louise prit un ascendant irrésistible sur son esprit. Les désordres les plus scandaleux vinrent étonner le public; la dissolution des mœurs fut au comble; le favoritisme, né de cette dissolution, gouverna l'Espagne; tout ne fut que bassesse, corruption; on vit les trésors de l'état livrés au pillage des courtisans, le produit des impôts ne servait qu'à rétribuer le scandale; il n'y eut plus de fonds pour la solde des troupes et l'entretien de la marine; des soldats demandant l'aumône offrirent un spectacle inconnu chez les autres nations. Les Espagnols eurent honte de leur gouvernement, et l'on désira vivement une réforme. L'affection publique se reportait vers l'héritier du trône; il n'était pas heureux; son éducation avait, dit-on, été négligée; cela n'a rien d'étonnant au milieu des désordres de la cour, mais la voix publique en accusait sa mère; elle y voyait un dessein concerté, l'amour du peuple en devint plus exalté et les scènes d'Aranjuez furent le résultat de cette disposition des esprits. Ferdinand monta sur le trône aux acclamations de toute la nation; bientôt succédèrent les perfidies de Bayonne, l'usurpation de Joseph, une guerre sanglante. Jamais nation ne prodigua plus d'attachement au fils de ses rois, au souverain de son adoption; mais les esprits commençaient déjà à se diviser; les uns, imbus des maximes du pouvoir absolu, ne cherchaient qu'un remède unique aux maux de l'état, le rétablissement de Ferdinand ; les autres, indignés des désordres de l'ancienne cour, frappés des maux qu'entraîne à sa suite le pouvoir arbitraire, se reportaient vers les anciennes libertés du pays : ils voulaient les faire revivre; c'était, selon eux, le seul moyen de rendre à la monarchie espagnole son ancienne splendeur. Le souverain légitime était prisonnier; on dut, en son absence, recourir à des formes populaires; il avait, dit-on, lui-même autorisé par un message secret la convocation des cortès; on forma des juntes provinciales, et bientôt les cortès, rassemblés à Cadix, organisèrent un gouvernement central provisoire; c'est alors que l'un des partis fut désigné sous le nom de libéraux, et l'autre sous celui de serviles.

Les cortès décrétèrent cette fameuse constitution, imitation funeste de celle 1791, et dans laquelle on introduisit ce que les anciennes lois d'Aragon et de Castille contenaient de plus populaire et de moins convenable à une monarchie. Ce fut une grande erreur, quoique excusable, dans la circonstance où se trouvait cette assemblée. Cette erreur pouvait être réparée, si le droit du roi de proposer à son retour des modifications eût été reconnu; elle pouvait être réparée par le roi lui-même, si, tout en rejetant cette constitution, il eût tenu la parole solennellement donnée dans sa proclamation du 4 mai 1814, d'octroyer des institutions libres, de garantir la liberté de la presse, la liberté individuelle, et d'assembler les cortès. Mais les conseillers de la couronne n'ont cessé de se jouer des promesses royales et du vœu public. Les Espagnols avaient vaillamment combattu, les champs de bataille étaient arrosés de leur sang, la récompense de leur dévouement fut une administration capricieuse et tyrannique. Les présidios se peuplèrent d'hommes qui, quelles que fussent leurs erreurs sur la théorie des gouvernemens, n'en avaient pas moins, par une opiniâtre résistance à l'usurpation, concouru à la restauration du souverain légitime. L'Europe leur décernait le surnom d'héroïques, et leurs mains étaient chargées du fer des galériens. D'un autre côté, ces mêmes conseillers de la couronne, auteurs de tant de maux, présentaient un singulier spectacle : leur élévation n'était que le prélude d'éclatantes disgrâces; ils passaient successivement de l'hôtel des ministères dans les prisons d'état ou dans l'exil. Les Espagnols se confirmaient de jour en jour dans leur désir de voir enfin l'ordre constitutionnel remplacer une administration sans frein. Ils eussent reçu avec l'enthousiasme de la plus vive reconnaissance une charte donnée par leur souverain : mais, dans leur désespoir, ceux mêmes qui blâmaient la démocratie de la constitution des cortès étaient prêts à la recevoir des mains qui la rétabliraient. C'est dans cet état de l'esprit public qu'éclata la révolution de 1820. De là provint son succès, dû tout entier aux excès des agens du pouvoir absolu

Cependant les défauts de cette constitution ne tardèrent pas à se faire sentir ; les clubs se formèrent, des orateurs fougueux y prêchèrent leurs maximes désorganisatrices ; l'infortuné chanoine Vinuesa fut massacré dans sa prison. Les cortès, tout en respectant la religion catholique, en la maintenant exclusive, en refusant aux Espagnols le bienfait de la tolérance religieuse, ne ménagèrent pas assez le clergé. Il reprit hautement les maximes du pouvoir absolu; son influence entraîna à sa suite les prolétaires, depuis long-temps habitués à suivre ses inspirations. Des hommes sobres, ayant peu de besoins, et ne cherchant de jouissances que dans l'indolence et l'oisiveté, n'avaient rien à redouter d'un pouvoir absolu, qui même s'était attaché à les caresser. Les classes supérieures, au contraire, et les classes moyennes, sans cesse en contact avec le pouvoir, soit personnellement, soit par leurs intérêts, avaient été trop froissées par les abus; elles avaient été trop souvent les victimes du despotisme, pour ne pas en redouter, par-dessus tout, le rétablissement. La division entre les deux partis fut donc plus prononcée que jamais. La guerre civile éclata, les rassemblemens des absolutistes prirent le nom d'armée de la foi, et à l'abri de cette désignation, des prêtres, des moines se mêlèrent dans ses rangs, et tirèrent l'épée. Cependant les cortès étaient en possession du pouvoir, les troupes leur obéissaient ; leur succès n'était pas douteux, lorsque la France intervint.

CHAPITRE II.

Expédition française.

Notre expédition doit être envisagée sous deux rapports, elle se divisait en question militaire et en question politique.

Sous le premier rapport, les craintes que l'on avait conçues ne se sont pas réalisées, l'expédition militaire a été glorieuse, d'une rapidité inespérée : en six mois l'Espagne a été occupée depuis les Pyrénées jusqu'à Cadix ; le roi Ferdinand a été délivré. Nous devons ce brillant succès à la bravoure de notre armée, nous le devons surtout au généreux prince qui la commandait. Les vétérans de la gloire française étaient confondus dans les rangs avec nos jeunes soldats; anciens et nouveaux guerriers, héros d'Austerlitz et de la Vendée, tous n'ont composé qu'une seule famille dont l'illustre généralissime était le père. Je ne louerai point cette armée d'avoir été fidèle et brave, qui pouvait en douter ? Jamais les troupes françaises ont-elles refusé le combat contre l'étranger. Mais elle ne fut pas seulement brave sur le champ de bataille, elle fut humaine après la victoire, elle donna au monde l'exemple de la discipline la plus mémorable, elle protégea les vaincus contre les fureurs de ses alliés, et bientôt l'on vit de toutes parts les constitutionnels eux-mêmes solliciter comme une faveur une garnison française.

La présence du duc d'Angoulême avait répandu dans tous les rangs cette ardeur, ce dévouement, cet enthousiasme militaire qui sont toujours le présage des succès. Sa générosité, sa loyauté, son attachement aux principes constitutionnels de notre charte, en lui gagnant le cœur des Français, disposaient ses adversaires mêmes à la confiance en ses intentions bienveillantes et conciliatrices. Ce prince traversa l'Espagne en remplissant glorieusement la double mission de vainqueur et de pacificateur; la victoire parut moins douce à son cœur que le plaisir d'arracher des victimes aux vengeances des partis. Les constitutionnels n'étaient pas d'accord entre eux; il y avait de l'orgueil national dans le refus de modifier la constitution de Cadix, on n'y demandait pas des changemens hautement, mais on les désirait en secret. D'un autre côté, les cortès avaient adopté un plan de campagne purement défensif : mettre des garnisons dans les places fortes, harceler l'ennemi sur ses flancs en évitant de livrer bataille; telles étaient les instructions des généraux. Ce plan tendait à prolonger les hostilités; mais il n'était bon qu'avec l'appui de la population entière, comme dans la dernière guerre; nous avons déjà expliqué comment cet appui manquait. Les prolétaires des campagnes et des villes, excités par les moines, criaient vive le roi absolu, le moral des troupes en fut ébranlé; les désertions, les défections éclaircirent successivement les rangs des constitutionnels; leurs généraux se repliant, refusant presque toujours le combat, firent croire de plus en plus à leur faiblesse, à leur impuissance de résister. Il y a toujours dans les discordes civiles une masse indécise qui obéit au plus fort; elle abandonna les libéraux. Le prince saisit avec habileté l'avantage de sa situation; et ne laissant pas un instant de repos à l'ennemi, il offrit en même temps des capitulations avantageuses aux chefs des différens corps d'armées, à la garnison et aux habitans des villes assiégées; ces capitulations garantissaient le pardon du passé, la sécurité des personnes, la conservation des grades, des honneurs, des traitemens. Le discours du roi de France annonçait que des institutions seraient données; on se confia à l'intervention du prince pacificateur; on dut la croire toute puissante; les capitulations furent acceptées. Les corps de l'Abisbal, de Morillo et de Ballestéros étant soumis, Cadix, désormais sans appui, devait tomber; la brillante attaque du Trocadéro vint hâter sa reddition, et le roi Ferdinand fut délivré.

Cependant, tandis que ces événemens mémorables s'accomplissaient, on vit nos alliés, en proie à leurs passions désordonnées, mettre partout des entraves à l'exécution des dispositions conciliantes du duc d'Angoulême. Les soldats constitutionnels rentrant dans leurs foyers, en vertu des capitulations, étaient insultés, emprisonnés, massacrés, ainsi que je le raconterai plus tard. Un des inconvéniens de l'intervention d'une puissance étrangère dans les troubles civils d'un pays, consiste dans la nécessité de donner le pouvoir au parti dont elle se déclare l'alliée. On devient malgré soi l'associé de ses fureurs, ou, si l'on tente d'y mettre un terme, il s'indigne, il vous répudie, et l'on cède, si l'on ne veut pas avoir à combattre amis et ennemis. Nous ne pouvions échapper à cette fatalité. Ainsi, dès avant d'entrer en Espagne, une régence provisoire était organisée, une autre lui fut substituée à Madrid; les membres en furent choisis parmi les partisans plus ou moins prononcés du pouvoir absolu; cela ne pouvait être autrement, mais les conséquences s'en firent bientôt sentir. Les actes de ces régences indiquaient un autre but que celui où tendait le prince généralissime : il voulait une pacification, elles voulaient des vengeances. Ainsi, lorsque pour faire cesser le désordre, le prince rendit l'ordonnance d'Andujar, lorsque nos généraux se mirent en devoir de la faire exécuter, on vit la régence de Madrid *protester à la face de l'Europe, implorer son assistance contre l'armée libératrice.* La division des troupes volontaires de Navarre, on aura peine à le croire, s'exprimait de la manière suivante dans une adresse à la régence.

« Votre Altesse Sérénissime a été dépouillée de la
» puissance suprême, les autorités inférieures n'exer-
» cent plus leurs fonctions; c'est ainsi que le duc
» d'Angoulême l'a décidé, et il a consommé cette
» usurpation par un décret daté d'Andujar, le 8 de
» ce mois. Un attentat que n'osa pas commettre le ty-
» ran du monde, doit être réprimé à l'instant. »

Cette résistance insensée pouvait être comprimée, aussi n'est-ce pas à elle seule que sans doute l'histoire attribuera la non-exécution de l'ordonnance d'Andujar; elle dira quelle funeste influence vint paralyser les intentions bienfaisantes du prince, et préparer les scènes sanglantes dont nous sommes témoins.

L'expédition militaire était donc terminée glorieusement, mais sans que la question politique fût résolue. Le complément de l'intervention était l'établissement de l'ordre public, et il s'en fallait de beaucoup qu'il fût, je ne dirai pas consolidé, mais même en voie de s'établir. Les opposans à la guerre, tout en indiquant ses dangers, étaient cependant convenus qu'elle pouvait réussir; mais alors ils avaient annoncé d'autres dangers naissant de la situation de l'Espagne, et du caractère de ses habitans. On parlait d'institutions libres, ils avaient prédit que les partisans du pouvoir absolu domineraient les amis d'une liberté raisonnable. Leur prédiction s'est accomplie; mais des cris d'indignation se fussent élevés contre eux, s'ils eussent annoncé la terrible réaction dont nous allons mettre le tableau sous les yeux du lecteur.

CHAPITRE III.

Administration intérieure de l'Espagne.

Le propre des révolutions est de substituer l'empire des partis à celui des lois; le parti vainqueur abuse toujours du pouvoir; il opprime le parti vaincu, il semble qu'il ne voie de sécurité que dans son extermination ; mais il n'en va pas ainsi : les vaincus se relèvent pour abuser à leur tour de la victoire, et souvent ils retombent de nouveau. On passe de réactions en réactions, de persécutions en persécutions : c'est ainsi que parmi nous les massacres de septembre ont amené ceux du fort Saint-Jean. L'ordre ne se rétablit, les révolutions ne finissent que lorsque la lassitude des partis ou bien une médiation suprême fait succéder le règne des lois aux discordes révolutionnaires, ramène la sécurité dans toutes les familles, le calme dans tous les esprits.

Une politique élevée eût accepté le prince généralissime pour médiateur ; si une fonction aussi d'accord avec sa générosité lui eût été décernée, si du moins ses conseils eussent été entendus, suivis, l'Espagne pacifiée serait heureuse et tranquille. Mais l'heure n'était pas venue ; les passions humaines, et plus encore peut-être la force des choses, l'empêchèrent de mettre un terme aux maux de l'Espagne. Il dut prévoir en partant qu'ils allaient s'accroître, on le vit se refuser sur la route à toutes les fêtes, à tous les honneurs : ah ! sans doute, en jetant un dernier regard sur cette terre de désolation, il se sentit l'âme attristée. Les acclamations unanimes des Français, leur amour, lui prouvèrent que les peuples non-seulement savent gré aux princes du bien qu'ils font, mais encore leur tiennent compte de celui qu'ils ont voulu faire. Les Espagnols, dans leurs malheurs, invoquent eux-mêmes le souvenir de l'auguste généralissime. Ah !

disent-ils, pourquoi ne lui a-t-il pas été donné d'accomplir ses desseins!

Une proclamation, datée de Cadix le 30 septembre, avait annoncé des institutions et un pardon général; elle fut considérée comme non-avenue et comme un acte imposé au roi par des sujets révoltés. Dès le lendemain, 1er. octobre, un décret rendu au port Sainte-Marie déclara nuls tous les actes du gouvernement des cortès depuis le 7 mars 1820 jusqu'au 1er. octobre 1823; elle approuva au contraire tous les actes des deux régences d'Orgazun et de Madrid. Les ministres nommés par cette dernière régence furent conservés, et le chanoine Victor Saës, ayant le département des affaires étrangères, devint en outre confesseur du roi : les absolutistes restaient en possession du pouvoir. Il fut défendu par un autre décret à un nombre considérable de personnes de se présenter sur la route de sa majesté, ils durent se tenir à cinq lieues de distance, et à quinze lieues de Madrid et des résidences royales.

La régence de Madrid n'avait cessé de contrarier les vues de pacification du duc d'Angoulème; cependant ce n'était qu'à Madrid que la marche du gouvernement devait être décidément résolue, on était attentif, les esprits flottaient entre l'espérance et la crainte. Malgré de sinistres présages, on cherchait à se faire illusion, on comptait encore sur l'influence de la France, on lui attribua l'éloignement de Saës, et la composition assez modérée d'un nouveau ministère; mais bientôt toute illusion fut détruite.

Le parti à qui le pouvoir semble échapper se rallie ; une junte, dite apostolique, est formée, elle correspond dans les provinces avec d'autres juntes secondaires, elle adresse de violentes réclamations au roi ; sa majesté ordonne aux membres de la junte de se retirer dans leurs diocèses ou dans leurs monastères; quelques-uns obéissent, le plus grand nombre résiste impunément. Les ordres des ministres sont méprisés; chaque corps, chaque particulier agit à sa manière. On avait vu, pendant l'expédition militaire, des emprisonnemens arbitraires, des massacres commis presque sous les yeux de nos soldats indignés de ne pouvoir y mettre un terme. A Sarragosse, des bandes de gens de la lie du peuple et des paysans, accourus dans l'espoir du pillage, avaient arrêté quinze cents personnes des plus riches de la ville; des moines étaient à la tête de ces rassemblemens; on poussa l'audace jusqu'à demander au commandant espagnol l'ordre de procéder au pillage des maisons; une faible garnison française sauva la ville et les prisonniers, sans cependant pouvoir empêcher le pillage des caisses publiques et de quelques maisons. Après la délivrance du roi Ferdinand, plusieurs corps de l'armée de la Foi parcouraient la Manche, pillant et tuant, aux cris de vive le roi absolu, tous les gens soupçonnés d'être riches ou constitutionnels. Celle de Locho arrête un riche propriétaire de Consuegra et le fusille aux portes de la ville de Tembléqué. Au bruit des armes, les Français accourent et ne trouvent qu'un cadavre. Quel était le crime de cet homme? Il était maçon, répondit l'alcade. Qui l'a condamné?

personne; mais certainement il était maçon, il l'a avoué lui-même; il méritait la mort.

Le jour où l'on apprit la rentrée du roi dans la capitale, la populace de Roa, petite ville près d'Aranda-del-Duero, força les portes de la prison où l'on avait rassemblé les familles les plus riches, les plus honorables, tous les hommes furent massacrés et l'on coupa le nez et les oreilles aux femmes et aux enfans; des *frayles* étaient à la tête du rassemblement. Un détachement français accourut d'Aranda et ne fit cesser le désordre qu'à coups de baïonnettes; justice fut ainsi faite des égorgeurs (1).

Ces scènes déplorables se renouvellent dans tous les lieux où une garnison française n'est pas présente. On pille, on assassine : un constitutionnel est-il absent, on séquestre ses biens; revient-il, on l'incarcère. Le système violent et capricieux de 1814 gagne chaque jour du terrain à la cour; un favoritisme de bas aloi y domine; les influences diverses des puissances européennes s'y combattent, l'anarchie est partout, dans les conseils et dans la nation. Le roi veut-il se rendre dans une résidence, on en chasse la majeure partie des habitans; on n'y laisse passer aucun voyageur: on appelle cela purger les villes. Les impôts n'étant pas acquittés, on vit au jour le jour; on veut recourir au crédit; mais le refus obstiné d'admettre au moins pour une faible quotité les emprunts des cortès, met un obstacle

(1) Je tiens ces faits de témoins oculaires.

invincible à la conclusion de nouveaux emprunts; et qui d'ailleurs pourrait avoir confiance dans un gouvernement en état de banqueroute habituelle, et n'ayant de garantie à offrir que son despotisme! Les ministres se succèdent rapidement; ils s'élèvent, ils tombent sans que l'on sache pourquoi, sans qu'aucune idée utile, aucune amélioration aient marqué leur passage. On ne les envoie pas encore dans les forteresses; on les exile seulement; mais il ne s'agit que d'attendre : bientôt l'on verra le ministre de la guerre Crux, et l'un des ministres de la régence, Erro, jetés dans les prisons; une foule de royalistes de l'armée de la foi ira les rejoindre. Quel est donc leur crime ? c'est, dit-on, d'avoir désiré la convocation des anciennes cortès. Ainsi le parti des absolutistes répudie les plus zélés serviteurs du roi, dès qu'ils manifestent des sentimens généreux en demandant que des limites soient posées à l'exercice du pouvoir absolu.

Une amnistie était annoncée. Vingt fois le projet en avait été conçu, puis abandonné. Enfin elle paraît. Aux nombreuses et surtout aux vagues exceptions qu'elle contient, elle ressemble plutôt à un décret de proscription qu'à une amnistie ; mais ce que l'on remarque avec un étonnement inexprimable, c'est la violation des capitulations accordées par le duc d'Angoulême. Les individus compris dans ces capitulations sont exceptés de l'amnistie, ou compris dans des articles généraux d'exception. Il est dit qu'ils ne pourront résider sur le territoire espagnol qu'à charge de se présenter devant les cours de justice pour y être jugés. Certes, ils n'ont eu garde de répondre à cette invitation de venir poser leurs têtes sur l'échafaud, et cependant les capitulations garantissaient aux généraux, officiers et soldats l'oubli du passé, la sûreté de leurs personnes, la conservation de leurs grades. A la vue de ce mépris pour la foi jurée, de cette insolence envers la France, on se demanda ce qu'était devenue notre influence, juste prix de notre sang versé, de nos trésors répandus à profusion. Le ministère français avait-il donné son consentement à cet acte déloyal, avait-il forfait à l'honneur de la France, à ses devoirs envers le roi, envers l'auguste prince généralissime ? On ne put le croire. Mais alors on en conclut que tout se faisait sans nous, malgré nous; et que l'on avait laissé passer en d'autres mains l'influence qui nous appartenait.

L'amnistie eut pour cortége de nombreux décrets de purification. Tous les employés, depuis la fonction la plus mince, jusqu'au grade le plus élevé dans toutes les administrations, dans les universités, dans l'armée, durent se faire purifier, subir des interrogatoires, répondre à de sourdes délations; et après ces formalités on les déclare impurs s'ils sont connus pour constitutionnels, ou s'ils sont soupçonnés d'avoir de mauvais principes; personne ne fut exempt, si ce n'est les soldats de la foi. Le *Journal des Débats* a fort bien caractérisé ces purifications, en disant qu'elles sont inexécutables encore plus qu'impitoyables.

Toute captieuse que soit une amnistie, il faut bien avoir l'air de pardonner à quelqu'un. Les prisons s'ouvrirent pour laisser sortir quelques malheureux; elles se refermèrent bientôt, ou ne s'ouvrirent de nouveau que pour en recevoir un plus grand nombre, et souvent ceux-là mêmes qui venaient d'être élargis. Dans plusieurs endroits l'amnistie n'est pas même exécutée; et d'ailleurs, les exceptions fournissent mille prétextes à de nouvelles persécutions, et lorsqu'elles gênent on n'y a pas égard. Les volontaires royalistes arrêtent qui bon leur semble. Leur insubordination fatiguant enfin l'administration, on veut les licencier; ils résistent. Que fait-on? On cède; et pour prix de leur désobéissance, on en arme un plus grand nombre. Déjà, disent les journaux, cent mille sont équipés. Ces volontaires sont en général pris parmi les prolétaires de la plus basse classe de la populace; c'est aux dépens des riches, des communes, au moyen, par exemple, d'un droit spécial aux entrées de Madrid, qu'ils changent leurs haillons contre un habit. Voilà les hommes chargés de maintenir l'ordre, entre les mains desquels on remet le sort de la monarchie. Aussi les désordres s'aggravent-ils. On ne pourrait nombrer les assassinats particuliers : les prisonniers sont égorgés à Cordoue, et dans plusieurs autres villes. Il est horrible de le dire, mais comment le taire? les prédicateurs, oubliant leur ministère de paix, font retentir la chaire de provocations aux vengeances, aux massacres; des moines excitent le peuple, désignent les victimes.

Mais ce n'est pas assez, il faut une terreur organisée; et ici va se développer le tableau hideux du pouvoir absolu tombé dans les mains d'une faction inexorable. Le malheur des partis est que, parmi les hommes dont les intentions sont droites, il se mêle une multitude d'êtres passionnés ou tarés, n'ayant aucun principe de morale, de prolétaires occupés du seul soin d'assouvir leurs passions et de s'enrichir; l'histoire nous montre trop souvent ces hommes vils s'emparant de la direction des partis par l'audace habituelle à qui n'a rien à perdre; ils se substituent aux hommes généreux, et, maîtres du terrain, ils les éloignent et les persécutent : c'est, il faut le croire, ce qui arrive en Espagne.

On ne trouve plus suffisante l'action des tribunaux ordinaires; leurs formes sont trop lentes, elles protégent trop l'innocence. Des commissions exécutives militaires sont organisées partout; *exécutives*, le mot est bien trouvé, car elles jugent sommairement, font exécuter sur l'heure et *rendent compte après*. Nul recours n'est à espérer vers un tribunal supérieur, vers la clémence royale (1); qu'importe s'il meurt un innocent, on n'y regarde pas de si près. Les arrestations se multiplient; le sang coule, mais il ne coule pas avec assez d'abondance, on n'en est pas encore abreuvé; un ministre s'écrie qu'il n'y a pas de milieu, en Espagne, entre mourir à la potence ou se dévouer au pouvoir absolu; (2) le surintendant de la police, Rufino

(1) Ce n'est qu'à Madrid que l'on peut avoir un léger espoir de recours, l'exemple de Bareiro est le seul que l'on ait cité.

(2) *Quotidienne* du 30 septembre.

Gonzalès, écrit à ses subordonnés, que c'est par l'extermination des libéraux que l'on peut répondre de la paix publique. Malgré cela, les commissions exécutives hésitent; elles reculent devant le pouvoir extrà-légal qui leur a été confié; elles demandent que les degrés des peines applicables soient fixés : le capitaine général de Madrid répond par un décret de proscription; la peine de mort et la confiscation y sont spécifiées dans presque tous les cas, les juges décideront arbitrairement de la force des preuves. Enfin, dans le même moment, le ministre de la justice écrit à tous les tribunaux que l'on ne condamne pas assez vite, qu'il faut aller plus lestement, abréger les formes, et que les juges qui ne se conformeront pas à ses ordres seront punis. Vit-on jamais rien de pareil! Des juges menacés de punition, de l'échafaud peut-être, s'ils n'y envoient pas les justiciables! C'est un *crescendo* d'inepties et d'atrocités. Le système de l'administration espagnole peut se résumer en peu de mots; la populace crie, Mort aux négros (1); les ministres écrivent aux commissaires militaires : Tuez. Si ce n'est l'expression littérale, c'est évidemment le sens de leurs circulaires.

Arrêtons-nous un instant sur les dispositions de l'ordonnance publiée par le capitaine général, le 21 octobre; elle contient d'abord une disposition rétroactive, puisqu'elle remonte au 1er. octobre. Elle inflige la peine de mort à tous ceux qui se sont décla-

(1) Noirs, c'est le nom qu'elle donne aux constitutionnels.

rés ou se déclareraient, par des faits quelconques, ennemis des droits légitimes du trône, ou partisans de la constitution de Cadix; qui écriront des journaux ou des brochures à la même fin. Quel vague dans les mots « faits quelconques », si on les rapproche de ceux « partisans de la constitution, » et surtout de l'article 7, où il est dit · C'est au discernement et à l'équité des juges à déterminer la force des preuves pour ou contre le prévenu! Ainsi, le moindre signe d'impatience contre les abus du pouvoir absolu, le vœu le plus modestement exprimé d'obtenir des institutions libres, une constitution, peut être interprété comme une preuve d'attachement à celle de Cadix, et conduire à l'échafaud.

Les cris de mort aux serviles, mort aux tyrans, vive la liberté, sont punis de mort; l'ivresse ne sert pas d'excuse, quand le délinquant est sujet à ce vice; et pendant ce temps on crie impunément mort aux libéraux. Les journaux rapportent qu'un prédicateur a dit: « L'odeur des cadavres est aujourd'hui une odeur de vie pour les bons. » Un gouverneur de Barcelone termine une proclamation par ces mots: « A bas les francs-maçons et communéros, à bas les miliciens, à bas tous ceux qui ont eu un emploi quelconque sous le régime libéral, à bas *tous les constitutionnels, de quelque classe qu'ils soient.* » Voilà donc la justice espagnole; encouragement au désordre pour les uns, peines rigoureuses pour les autres.

Enfin, aux termes de l'art. 9, les francs-maçons, communeros, et autres sectaires qui n'ont pas été se dénoncer eux-mêmes en vertu de l'acte du 1er. août, sont *de plano* condamnés à la peine de mort, et à la confiscation de leurs biens; et remarquez que beaucoup d'Espagnols, menacés d'assassinats particuliers, lorsque les commissions militaires ne se chargent pas d'eux, ont été forcés de s'expatrier; ils n'ont pas fait leur déclaration et voilà leurs biens confisqués. Les militaires et les habitans des villes compris dans les capitulations ne peuvent pas rentrer sans se livrer aux tribunaux; ils ont compté sur la foi française, à notre honte, nous n'avons pu la faire prévaloir; leurs biens vont être confisqués.

Quelle cruelle situation que celle des capitulés et des constitutionnels de toutes les classes; quel caractère vraiment jésuitique distingue les amnisties espagnoles! On donne ce nom au décret du 1er. août, et en effet il comprend dans l'amnistie du 1er. mai les membres des sociétés secrètes, mais à la charge de se dénoncer eux-mêmes, et de signaler la loge ou la société à laquelle ils auraient appartenu. Or, d'après l'article 8, on procédera contre les recéleurs de loges de la même manière que contre les membres de ces sociétés, et nous venons de voir que d'après le décret du 21 octobre la peine sera celle de mort. Ainsi l'on est tenu, si l'on veut se soustraire à cette peine, non-seulement de se dénoncer, mais encore d'être le délateur des autres, et de les envoyer à la mort. Comment d'ailleurs les membres des sociétés secrètes compteraient-ils sur une amnistie? Voilà que M. le surintendant général de la police les fait inscrire sur une liste qui doit contenir les noms et prénoms de tous les individus qui méritent quelqu'une des notes suivantes :

Attaché au système constitutionnel.

Volontaire national de cavalerie ou d'infanterie.

Individu de compagnie ou de bataillon sacré.

Réputé maçon.

Connu pour communéro.

Tenu pour libéral exalté ou modéré.

Acquéreur de biens nationaux.

Sécularisé.

On ajoutera en outre : «si c'est un individu qui a » fait partie de la suprême junte du gouvernement à » Madrid, s'il a été ministre de quelque tribunal ou » audience, député aux cortès, député de province ou » son secrétaire, chef politique ou employé de quelque » autre administration, membre de quelque société » patriotique, orateur de cette société, écrivain pu» blic, etc., etc., ou toute autre chose qui puisse con» tribuer à donner une idée exacte de la véritable opi» nion manifestée sous le régime constitutionnel. » Il y a une liste pour les hommes, une autre pour les femmes, et tous les chargés de la police dans les communes en conserveront un double semblable à l'original, qu'ils seront tenus de fournir à la surintendance générale.

Il ne sera pas accordé de passe-port à ceux qui seront signalés comme attachés au système constitutionnel, à moins que les chargés de la police ne jugent qu'ils ont des raisons légitimes de voyager, et, dans ce cas, ils donneront caution. Le passe-port contiendra l'itinéraire obligé de tous les endroits par où le voyageur doit passer en allant et revenant, et l'autorité qui délivrera le passe-port en donnera immédiatement avis à l'autorité du lieu où se rend le voyageur, et fera connaître la note ou les notes inscrites sur la liste, et les soupçons que peut inspirer le voyage. Ainsi la moitié des Espagnols ne voyagera que précédée d'une note de proscription; on veut que personne n'échappe, les enfans, domestiques et dépendans des constitutionnels seront assujettis aux mêmes formalités.

Ayons le courage de le dire : c'est dans les archives de la Convention, dans la loi des suspects et dans l'organisation des tribunaux révolutionnaires, que l'on trouve les modèles des deux décrets que je viens d'analyser. Comment échapper au rapprochement des jurés révolutionnaires autorisés à se déclarer suffisamment instruits, et des commissions militaires déterminant arbitrairement la force des preuves pour ou contre le prévenu? Quel triomphe pour les conventionnels du comité de salut public! les voilà devenus précepteurs des conseillers d'un roi légitime; conseillers perfides autant que cruels, et dont les actes ravalent chaque jour la majesté royale. La révolution espagnole, comme toutes les autres, a été accompagnée de graves désordres, de crimes; mais cependant lord Liverpool a pu dire que jamais révolution n'avait été moins sanglante; certes il n'en dira pas autant de la contre-révolution.

Le ridicule se mêle à l'atrocité; les marchands de

comestibles, les droguistes, herboristes, etc., sont devenus censeurs des vieux papiers avec lesquels ils enveloppent leurs denrées. Ce ne sont pas des censeurs bénévoles à gros appointemens; leur censure est obligées, sous peine d'être punis comme les auteurs des écrits; et, depuis l'ordonnance du 21 octobre, la peine est celle de mort. Les voilà forcés de faire un cours d'écrits séditieux et prohibés avant ou après la révolution, et, en même temps, il est défendu de lire ou d'entendre lire ces écrits.

Je termine ce chapitre par un dernier trait. La ville de Cadix ne céda pas tout de suite à la révolution de l'île de Léon; elle fut long-temps fidèle. Cependant des mouvemens populaires eurent lieu vers la fin de février; on demanda la proclamation de la constitution; l'autorité était en force: elle pouvait résister; elle céda. On annonce que le matin du 10 mars la constitution sera proclamée; les habitans se rendent sur la place Saint-Antoine: tout à coup les troupes débouchent; une vive fusillade commence; la place est encombrée de morts, de blessés; le peuple fuit, les soldats parcourent les rues; on dit qu'ils étaient ivres; ils tuent les femmes sur leurs balcons, à travers leurs croisées, et 600 personnes périssent ou sont blessées. Quelle horrible catastrophe! le peuple est convié à une fête, et on lui donne la mort! Qui a commandé ce massacre? comment croire qu'il n'est que l'effet d'une méprise? Dans cette dernière supposition, il y a au moins imprudence, dispositions mal prises de la part des chefs! Aucune excuse ne doit les soustraire à une punition, elle ne peut que l'atténuer; eh bien! on leur décerne des récompenses et des honneurs (1)!

CHAPITRE IV.

Conséquences du système suivi en Espagne.

La noblesse, les classes moyennes, les hommes instruits sont les vrais soutiens de l'état, les sources de sa splendeur; en eux résident les lumières et les richesses; et cependant lorsqu'ils sont isolés, ils peuvent peu de choses, ils ont besoin d'un appui pour que leurs vœux s'accomplissent. Le cherchent-ils dans le peuple; une révolution éclate avec tous les maux qu'elle traîne à sa suite? Trouvent-ils cet appui dans le prince, alors tout devient facile, les améliorations s'exécutent, les abus sont détruits. Le prince, d'un autre côté, dont le système d'administration serait en opposition formelle avec les vœux des classes éclairées, qui ne s'appuierait que sur la populace, eût-il même, comme en Espagne, le clergé pour soutien, n'aurait évidemment de liberté que pour faire le mal ou le souffrir; le bien lui deviendrait impossible, il lui serait interdit d'y penser. Se trouvant obligé, tantôt de caresser les passions de la populace, tantôt de la con-

(1) *Journal de Paris* du 29 octobre,

tenir ; son sceptre serait changé en une verge de fer : le bonheur des états dépend de l'accord du trône et des classes éclairées.

Cet accord n'existe pas en Espagne. Elle s'avance rapidement vers une désorganisation générale ; c'est par la terreur que l'on cherche à sortir de l'anarchie. Les classes élevées, les hommes éclairés de la nation sont mis sous la surveillance de prolétaires armés, on les traîne à l'échafaud, on les décime. Mais ne voit-on pas que le désespoir produira des conspirations sans cesse renaissantes. Les paysans, d'abord partisans des cortès, parce que, suivant l'illusion ordinaire, ils croyaient que la révolution allait les débarrasser des impôts ; devenus soutiens du pouvoir absolu lorsque leur espoir a été trompé, les paysans, quand on leur demandera le paîement des droits, quand ils se verront soumis, comme sous les cortès, au recrutement forcé, ne changeront-ils pas de nouveau ? Le spectacle des massacres juridiques, des vengeances particulières, la misère, compagne des proscriptions, ne feront-ils aucune impression sur leurs âmes ? Comment compter dans les villes sur une populace ignorante, naturellement mobile et n'ayant de constance qu'à profiter des occasions de se livrer à ses passions malfaisantes ? Qu'une insurrection prenne de la consistance et nous serons bientôt témoins d'une commotion horrible. On ne peut trop le répéter, toute réaction en amène tôt ou tard une autre. Là où la justice n'est plus impartiale, où elle ne siége qu'entourée de bourreaux et se complaît à répandre le sang ;

là où l'on proscrit en masse, où l'on peut impunément être assassiné par le premier venu, tous les liens sont rompus, chacun rentre dans le droit de défense naturelle, la société se dissout. L'Espagne, je le crains, va bientôt être dans l'alternative du retour à l'état sauvage ou d'une catastrophe épouvantable.

La France a recueilli des avantages réels de l'expédition militaire; elle a repris son rang parmi les puissances de l'Europe; elle a recouvré sa vigueur, et son influence diplomatique s'en est accrue. Les hautes qualités du duc d'Angoulême ont été mises au grand jour; son attachement à nos institutions constitutionnelles loyalement prononcé, le spectacle des fureurs des absolutistes Espagnols ont produit la plus vive impression sur l'armée; son dévouement en a redoublé pour notre auguste dynastie et pour l'immortelle charte, qui, selon les propres expressions de Louis XVIII, sera son plus beau titre de gloire. Voilà des avantages dont tout Français se réjouit et s'enorgueillit; mais plus ils sont grands, plus il faut soigneusement les conserver, et se garder de les compromettre. Certes, nous n'avons pas voulu les acheter au prix du sang d'une nation amie, au prix du bonheur de notre fidèle alliée.

L'Espagne doit être rendue au repos, à l'ordre, au règne des lois; les opposans et les partisans de la guerre sont d'accord sur ce point; il y va de notre honneur; les plus chers intérêts de l'état l'exigent, car ils sont compromis par l'anarchie espagnole. Nul crédit n'est à espérer pour l'Espagne; elle n'a pu, dit-on, percevoir, en 1824, qu'environ soixante millions de francs; elle reconnaît sa dette envers nous, mais elle ne l'acquitte ni ne peut l'acquitter : les frais de l'occupation sont donc entièrement à notre charge. Près de trois cents millions dépensés à la fin de 1824 ne suffiront pas si l'occupation continue; nous ajouterons chaque année des millions à des millions, nos ressources iront se dissiper dans ce malheureux pays, et toutes les améliorations que réclame l'intérieur de la France seront négligées. Nos routes, par exemple, se dégradent d'année en année; nous sommes menacés de perdre les communications des provinces et des villes entre elles; le mal s'aggrave, il exige un prompt remède, sans quoi notre pays va devenir le moins viable de l'Europe : combien ne serait-il pas urgent d'employer, à refaire nos chaussées défoncées, une partie des millions que nous gaspillons en Espagne. Nous nous affaiblissons sous le rapport des finances, et, par la privation d'une partie de nos troupes, notre influence dans les affaires générales de l'Europe peut décroître de nouveau. On osera peut-être, vis-à-vis de la France et des Français, ce que l'on n'eût pas osé si nous n'étions pas exténués, si je puis m'exprimer ainsi, par l'occupation de l'Espagne. Qu'un événement arrive en Europe; qu'un parti soit à prendre sur les affaires de la Grèce, sur celles de l'Amérique du Sud, nous ne pourrons pas intervenir dans les conseils avec la fermeté et la dignité qui conviennent à la France; nous serons impuissans, et l'on agira sans nous et malgré nous. Notre commerce a besoin de débouchés; l'Espagne, si elle était tranquille, pourrait consommer beaucoup de nos produits; si elle est agitée, nous ne lui vendrons rien. Nous avons dépensé des sommes énormes pour l'approvisionnement de notre armée; eh-bien! s'il faut en croire des personnes qui se disent bien instruites, cet approvisionnement n'a pas été réservé à la France. Les propriétaires se plaignent de la mévente et du bon marché des céréales, et l'on aurait permis aux fournisseurs d'acheter des blés d'Odessa dans les entrepôts de la Méditerranée. L'Espagne éprouve une disette, et nous n'avons pas su obtenir d'elle de permettre l'entrée de nos blés!

Les prohibitions nous repoussent dans plusieurs états européens; les Amériques espagnoles, au contraire, nous offriraient d'immenses ressources; les produits de notre industrie, de nos arts y seraient recherchés. Nous mettons-nous en mesure de profiter de ces avantages comme l'Angleterre et les États-Un nous faisons le contraire. Les peuples des anciennes colonies espagnoles nous regardent comme les alliés de leurs adversaires, comme associés à leurs projets; ils se méfient de nous, et notre commerce avec eux décline ou reste stationnaire. Nous sommes réduits à nous féliciter de ce que les navires des États-Unis s'emparent d'une navigation que nous devrions faire nous-même, et nous servent de facteurs. Tels sont les graves inconvéniens de la prolongation de l'occupation mais, en même temps, telles sont les fatales conséquences de la position où nous nous sommes mis, que l'on frémit à l'idée d'une évacuation. Les listes de proscription sont dressées, les victimes sont parquées; il ne reste qu'à les immoler : et quelles sont ces victimes? nous l'avons déjà dit; ce sont les nobles, les commerçans, les savans, les hommes de lettres, tout ce qui fait la gloire, la splendeur, la richesse d'une nation. Déjà sous nos yeux les commissions exécutives militaires les envoient à la mort; les assassinats particuliers se propagent : que sera-ce après notre départ? est-on sûr qu'une horrible boucherie n'est pas méditée? le monde sera-t-il épouvanté de nouveau par une Saint-Barthélemi? Le roi n'est pas libre; ce serait insulter à la majesté royale que de croire à son consentement au système impitoyable de l'administration actuelle. Quelle honte si l'on pouvait dire que nous n'avons fait que changer les geôliers du roi, qu'en nous retirant nous laissons l'Espagne dans un état de dissolution pire que la situation où elle était lorsque nous y sommes entrés, et certes la démonstration serait facile. Cependant, au moment où j'écris, on parle d'une évacuation partielle; nous allons, dit-on, nous placer en observation dans quelques places fortes et sur nos frontières. Mais qu'on nous le dise : si, après notre retraite, le sang coule de toutes parts, si les exécutions juridiques, et les massacres populaires se multiplient, resterons-nous spectateurs impassibles? et si le désespoir porte les victimes à se défendre, si elles résistent, rentrerons-nous pour les désarmer et les livrer à leurs bourreaux? Ministres du roi très-chrétien, d'un roi si distingué par les qualités du cœur, n'avez-vous aucune de ces appréhensions? et si vous les avez, quelles précautions avez-vous prises? quelles garanties avez-vous exigées ? En vain diriez-vous : Nous ne pouvons pas nous interposer entre les Espagnols et leur roi, entre les Espagnols et les Espagnols, ce serait gouverner. N'était-ce pas s'interposer que d'intervenir? et, peut-on trop le répéter, le complément de l'intervention est l'établissement de l'ordre public. Or, laisser l'Espagne dans l'anarchie, ce n'est pas terminer l'intervention, c'est la flétrir. Il ne vous appartient pas, j'en conviens, d'accorder des institutions à l'Espagne; mais vous pouvez conseiller d'en donner, en usant de l'influence si chèrement acquise à la France. Vous pouvez, et c'est un devoir, exiger que les capitulations soient exécutées. Affranchissez le roi du joug des partis; faites déchirer les listes de proscription; qu'une véritable amnistie soit publiée, et que la majesté royale couvre tous les Espagnols de son égide; lorsque ces choses seront accomplies, retirez nos troupes : ce serait un crime de lèse-humanité que de les retirer avant. Vous ne pourriez vous en faire absoudre qu'en produisant les preuves les plus authentiques, les plus évidentes de l'impuissance où vous êtes de rétablir la paix publique; mais alors, quel serait le jugement de la postérité sur l'intervention et sur vous-mêmes, qui, après l'avoir conseillée, l'auriez si mal dirigée

CHAPITRE V.

Considérations générales. Conclusion.

Jamais il n'exista, je crois, d'époque aussi féconde que la nôtre en événemens mémorables. L'attention la plus minutieuse ne pourrait en suivre les phases diverses, en apprécier les causes locales ou secondaires; mais un fait principal domine tous ces événemens. Une civilisation nouvelle s'avance en face de l'ancienne civilisation; partout des besoins nouveaux se produisent, de nouvelles positions sociales cherchent à se faire place à côté des anciennes positions, à s'y substituer même. C'est la lutte de la réforme politique contre l'ancienne société. En vain a-t-on tourné en dérision les écrits des savans publicistes, les discours des illustres orateurs qui, les premiers, ont proclamé cet état des esprits; le fait existe. Il est inutile, dangereux même de le méconnaître. La vieille société, née de la conquête et de la barbarie, modifiée par l'alliance du christianisme, régularisée par le système féodal, ne s'était policée qu'en s'énervant: elle avait perdu son indépendance, les institutions libres, les assemblées d'états qui la protégeaient. Une nouvelle société, produit accumulé du progrès des sciences, des lumières, de l'accroissement de l'industrie et des richesses, s'est formée successivement dans le sein de l'ancienne, parmi les classes tenues long-temps dans la dépendance et l'abaissement. Devenue nombreuse, elle a réclamé des garanties, l'égalité des droits, la tolérance religieuse, l'abolition des priviléges, le rétablissement, mais sous une forme nouvelle et plus populaire, des anciennes libertés, abolies depuis long-temps par le pouvoir absolu. Une résistance mal calculée, trop opiniâtre, a produit une lutte ouverte qui depuis long-temps ensanglante le monde.

Dans cette grande contestation on s'est jeté dans les théories spéculatives, absolues; les prétentions des deux partis ont été poussées à l'extrême. L'un ne voulant rien céder, préfère même de rétrograder; l'autre veut tout abattre, tout reconstituer, il n'a pas compris que d'anciens préjugés, de vieilles habitudes ont des racines profondes, et ne se remplacent pas subitement par des mœurs, par des institutions nouvelles. Si les deux partis restaient dans cette situation, aucun terme ne pourrait être assigné à leur lutte, ou du moins serait-on conduit à croire que ce terme n'est que dans l'entière défaite ou dans l'anéantissement de l'un d'eux. Mais heureusement il est facile d'éviter cette cruelle alternative. Entre ne rien céder et tout obtenir, des moyens de conciliation existent. Il est parmi les partisans des anciennes idées des esprits généreux, regrettant la liberté que nos pères avaient laissé détruire, et comprenant en même temps la nécessité d'une nouvelle combinaison pour en faire revivre le principe. Les absolutistes, les hommes rétrogrades voient de jour en jour s'éclaircir leurs rangs; et de l'autre côté les doctrines par trop absolues perdent de leur crédit. De toutes parts on est disposé à une conciliation fondée sur les droits acquis, existans, sur les intérêts légitimes de toutes les classes de citoyens. On n'est pas complétement d'accord sur la combinaison plus ou moins aristocratique ou démocratique de quelques institutions ; mais on veut des institutions, on invoque l'ordre légal, on repousse d'une voix commune les actes arbitraires, on en a senti tout l'odieux, chacun a été frappé à son tour. Une administration se plaisant dans l'illégalité, dans l'avilissement des hommes, s'appuyant sur ce qu'il y a de bas, de cupide dans leurs penchans, exciterait une indignation, je puis dire universelle, car elle n'aurait que ses complices pour partisans ; on ne supporterait pas long-temps le spectacle d'un gouvernement qui, soit pour défendre les anciennes idées, soit pour faire prévaloir les nouvelles, se jouerait des lois dont l'exécution lui est confiée, et n'aurait pour guide que ses caprices et sa brutalité.

C'est dans les états régis par des lois constitutionnelles que cette amélioration se fait remarquer; elle est le fruit de la publicité des débats, au moyen de laquelle les prétentions, les opinions des partis, ayant une expression légale, perdent à la longue ce qu'elles ont de faux, d'exagéré, s'épurent et se dégagent insensiblement d'un alliage nuisible. Les choses ne se passent pas ainsi dans les états où le système stationnaire ou plutôt rétrograde comprime les idées nouvelles, repousse les intérêts nouveaux : là les opinions s'exaltent, les doctrines restent absolues, on se coalise, on se réfugie dans les sociétés secrètes. Les deux systèmes marchent en sens inverse, le premier au moyen de l'action publique du gouvernement, le second par une contre-action qui entrave l'autorité, qui la mine sourdement : une explosion est toujours imminente. On croit prévenir le mal en empêchant la circulation des idées par une censure tracassière, vétilleuse, ou bien par la prohibition absolue des livres dont les maximes sont redoutées ; mais cela ne suffit pas. On a recours aux emprisonnemens, aux échafauds ; les cachots, les supplices, sont impuissans. Je concevrais que si les opinions étaient individuelles elles s'éteignissent avec celui qui les professe ; mais des opinions fondées sur des positions sociales, sur des besoins, des intérêts réels, imprimées dans l'esprit d'une nombreuse classe de sujets, survivent à ceux qui en ont été victimes. Admettons, par une effroyable supposition, qu'un parti en vienne à l'anéantissement complet de l'autre ; qu'en résultera-t-il ? La place de cette population inhumainement massacrée ne tardera pas à être prise par une nouvelle population sortie des rangs des prolétaires, et même de ceux des proscripteurs ; les mêmes positions sociales amèneront bientôt les mêmes besoins, les mêmes vœux ; on n'aura rien gagné. La Saint-Barthélemi a-t-elle détruit les protestans ; le 2 septembre a-t-il anéanti le clergé, les nobles, les royalistes ? Non. Le seul parti à prendre, et d'autant meilleur qu'il est conforme aux principes éternels de la justice, est d'observer les modifications introduites dans la société par le cours naturel des choses, les besoins qui en résultent, et d'y satisfaire en distinguant ce qui est légitime dans les vœux des sujets, en repoussant ce qui n'est pas raisonnable. Je ne crains pas de le dire, la lutte entre la réforme politique et la vieille société ne finira que lorsque l'un des partis ayant le pouvoir n'hésitera pas d'accorder à l'autre ce que ses positions sociales, ses intérêts légitimes exigent qu'on lui accorde, lorsqu'enfin l'ordre légal remplacera les réactions. Mais que parlé-je de partis; il existe heureusement dans notre vieille Europe, un pouvoir modérateur, une seconde providence pour les peuples, c'est l'autorité royale. Elle est aujourd'hui respectée par tous, invoquée par tous; c'est à elle de s'interposer entre les partis, c'est à elle, non pas à les balancer l'un par l'autre, mais à en opérer la fusion au moyen d'institutions appropriées à l'état de la société. L'action du pouvoir royal dans les états où les corps intermédiaires ont été conservés devra s'exercer de concert avec eux; elle s'exercera seule dans les états où le pouvoir absolu est légalement établi, elle pourra même intervenir seule dans les pays où les assemblées nationales sont depuis long-temps tombées en désuétude; car réunir d'anciens élémens pour en former de nouveaux est une entreprise dont le succès est douteux. Dans ce cas, le prince devient momentanément législateur suprême; ce n'est pas un droit positif, c'est une nécessité, et cette nécessité devient encore plus impérieuse lorsqu'une commotion violente, comme dans la révolution française, a bouleversé, anéanti toutes les institutions. Les peuples, reconnaissans du bienfait, ne vont pas fouiller dans leurs anciennes archives pour contester le droit de l'accorder : ils l'acceptent par leurs acclamations unanimes. C'est ainsi que l'on prévient ou finit les révolutions; c'est ainsi que notre histoire nous présente dans Henri IV et Louis XVIII deux mémorables exemples de l'autorité royale exerçant le pouvoir modérateur; chacun d'eux agit suivant l'esprit de son temps, le premier en rendant l'Édit de Nantes, le second en donnant la Charte constitutionnelle.

Nulle part la lutte des vieux abus et de la réforme politique n'est plus animée qu'en Espagne; nulle part on ne s'applique avec un soin plus assidu, avec des formes plus acerbes, à comprimer les opinions. Dans ce pays, le projet atroce d'anéantir une partie de la nation se suit avec une persévérance inflexible. L'administration l'avoue hautement; ses agens annoncent l'extermination complète des constitutionnels : c'est le système de 1814 parvenu au degré le plus élevé de son exagération. On a laissé échapper à cette époque une occasion unique dans les fastes des nations, d'opérer la fusion des partis. L'enthousiasme du peuple pour son roi n'avait pas de bornes; il y avait des opinions diverses, mais la royauté ne comptait pas un ennemi; les *affrancesados* eux-mêmes imploraient le pardon du souverain légitime. Deux moyens se présentaient : le premier de modifier, en s'entendant avec les cortès, la constitution de Cadix; le second, de ne pas la reconnaître, et d'en donner une autre plus conforme à l'esprit de la monarchie. On eut l'air de prendre ce dernier parti ; des institutions libres furent promises par la proclamation du 4 mai. L'Espagne était en possession d'un système municipal tirant son origine des anciens temps, approprié aux diverses localités, fortifié par les mœurs publiques, par des usages transmis de siècle en siècle: la religion était respectée, ses ministres étaient honorés; quelques couvens avaient été supprimés; mais ceux qui connaissent l'Espagne diront que c'était un bien, et non un mal. Le clergé, les grands d'Espagne, la noblesse, les hommes distingués de toutes les conditions, formaient une masse considérable de laquelle un choix judicieux eût fait sortir une chambre haute héréditaire, ou à vie : la chambre des communes se fût ouverte à ceux qui n'auraient pu trouver place dans le sénat; le lien des classes supérieures, moyennes et éclairées, avec le trône, devenait indissoluble. Hélas! rien n'a été fait : voilà la source des maux de l'Espagne. Les conseillers de la couronne s'attachèrent à paralyser les intentions bienfaisantes du monarque; ils allèrent plus loin : au lieu de la liberté individuelle, on eut des détentions arbitraires, des condamnations extrà-légales aux galères, à mort; au lieu d'institutions, des proscriptions. L'oubli de la parole royale, je le répète, excita les mécontentemens, les conspirations, amena la révolution de 1820. Quel sera le résultat du système actuel? Nous l'avons déjà dit : le retour à l'état sauvage, ou bien une sanglante catastrophe.

Que l'on ne s'y trompe pas! trop de lumières ont pénétré en Espagne, trop d'intérêts nouveaux s'y sont agglomérés pour que le pouvoir absolu y prenne racine de nouveau; et d'ailleurs le despotisme n'est pas plus légal en Espagne qu'il ne le serait en France; c'est une usurpation. On n'a pas oublié les anciennes libertés espagnoles; les *Perses* eux-mêmes les ont rappelées dans leur fameuse représentation; on se souvient du droit de la nation de concourir à la confection des lois, de voter les impôts; on se souvient des formes par trop populaires même des états d'Aragon et de Castille; ces libertés, pour avoir été violées par la branche autrichienne et mises en oubli par le gouvernement plus doux de la branche française, ne sont pas prescrites; les preuves en sont inscrites dans l'histoire, chaque citoyen les y retrouve, son cœur généreux s'indigne, sa situation présente lui devient insupportable. Déshéritera-t-on la nation de son histoire, mettra-t-on à l'index les historiens? le projet serait insensé: et cependant on l'essaiera peut-être, car on ne recule pas devant l'absurdité. L'exécution n'est pas aussi facile que la tentative, les vérités que révèle l'histoire ne peuvent être étouffées; et d'ailleurs il faudrait donc mettre aussi à l'index la proclamation royale du 4 mai, la déclarer séditieuse, car les anciennes libertés y sont rappelées. Reconnaissons qu'il importe de satisfaire les vœux si légitimes des Espagnols, invoquant non des institutions surannées, mais de nouvelles institutions en harmonie avec l'état présent de la société, et qui protégent, comme les anciennes, la liberté publique. Ah! sans doute, les passions sont trop exaspérées, les cœurs trop ulcérés pour mettre les deux partis en face l'un de l'autre dans des chambres législatives; mais ne peut-on pas hâter le moment opportun en le préparant par la pacification graduelle du pays. Qu'une promesse solennelle soit faite sous la garantie de la France, que l'esprit de l'ordonnance d'Andujar revive; qu'une bouche auguste prononce les mots d'union et d'oubli, les rende efficaces, et l'Espagne peut redevenir heureuse et florissante. La France alors sera dégagée de la charge si pesante de l'occupation militaire, elle n'aura plus besoin d'entretenir une armée d'observation sur ses frontières, et l'œuvre de Louis XIV, replacée sur de nouvelles bases, sera consolidée.

FIN.

www.ingramcontent.com/pod-product-compliance
Lightning Source LLC
LaVergne TN
LVHW010058230826
846091LV00005B/1990

9782013280907